JN440038

아지랑이 같은 이름 하나

아지랑이 같은 이름 하나

이세진 시집

그루 시선 103

그루

시인의 말

오는 길이 있다면
어딘가 가는 길도 있으리라
어디론가 떠난
어제의 사람들
가야 할 길 잘 돌아갔을까

찬바람 부는 시린 골목
누군가 올 것만 같은 길
그림자도 길게 목을 늘이는데

검은 고양이 한 마리, 오늘도
길 잃고 어둠 속을 서성인다

이세진

차례

3 늙어 가는 이유

4 강가의 돌

해설

1
산그늘 내리면

산그늘 내리면

산그늘 내리면
겨울 숲도 앞가슴 열어
하루치 끼니를 잇고 돌아오는
기진한 새들을 품는다
어느 물가 깨진 바위 위에서
언 강물을 원망했는지
거적처럼 고치 덮어 쓴
벌레 한 마리 구하지 못하고
산그늘 먼저 내리는
이 겨울을
날개 퍼덕이며 빈 입으로 돌아와
마른 나무 우듬지에
머리 먼저 들이미는
목이 굽은 저 백로 가족
바람 불어 발 시린 달밤
풀벌레 소리조차 들리지 않고
불 꺼진 빈집들 돌담길 지나치면
멀리 강을 건너가는
바쁜 밤 기차 소리뿐
숲속도 마을도 참 잠잠하다

용추폭포

어느 명창이

구성진 목청으로 부르는

판소리 같다

구곡 등줄기 타고 떨어져

하얗게 부서지는 남도의 판소리처럼

바위가 토해 내는 절창

산도 벌떡 일어나 앉고

나무들도 어깨 들썩거리는 칠월

산꿩도 손뼉 치며 허공으로 푸드덕 날아오른다

서늘한 성주 구곡

누구의 애간장을 녹일 듯한

완창

도포 자락 휘날리며 나도

외다리 학춤이라도 추고 싶은데

달도 없는 대낮

북채 잡은 고수도 보이지 않는데

혼자서 이어 가는

저, 완창

빈 가지 하나

바람 불지 않으면
나무들은 이파리 하나 흔들리지 않는데
바람 한 점 불지 않아도
고요하던 나무들 사이
이파리들이 흔들릴 때가 있다

딱새 한 마리 날아와
서어나무에 앉았다 떠난 가지에
아지랑이가 피어 흔들리고 있다
내 심장에서 먼 가지 어디쯤
따라 흔들리는 곳
더 이상 바람 불지 않으면
가지에 앉던 딱새는
둥지 틀어 알을 낳을 것인데
나만 홀로 흔들리는 까닭은
내 마음속 어디
딱새처럼 날아와 앉던 그대가
내 우듬지에 머물 생각이 없어
어디론가 훨훨 날아가

영영 돌아오지 않는 까닭이다

오늘도 딱새 기다리는
빈 가지 하나
수액 뽑아올린 자리, 꽃차례도 비워 두고
꽃샘바람에
흔들리고 있다

콩나물국

소나무의 씨앗이었으면
기둥 하나 만들기 위해
삼십 년은 바쳤을 것을

콩 껍질 벗고 어두운 곳에서
잠시 물만 뒤집어쓰다
세상 밖으로 나왔지만

밥상 위에 놓인 콩나물
장엄한 일생을 바친
저 서까래들

이만 하면
큰 절 하나는 거뜬히
짓고 남을 기둥들

김이 오르는 국물 속엔
단청 무늬도 언뜻 비치는
이른 아침

콩나물국 한 그릇
몸속, 집 한 채
지으러 들어가신다

섬이 아닌 섬

긴 장마 뒤 황토 개울물이
자주 가는 산책길을 바꿔 놓았다
그 길 걸어가다 무심결에
돌 하나 주워 자세히 보니
밤같이 생긴 검은 돌 한 귀퉁이
하얀 점 섬처럼 박혀 있는 수석
한밤중에 흰 눈 내리는 것 같아
천천히 눈 내리는 마을로 들어선다

푸른 것이라고는 없는
붉은 것이라고는 없는
백색 말고는 아무것도 존재하지 않는 마을
한 바퀴 돌아보니 멀리 흰 바다가 보인다
갈매기도 없고 파도도 없는
그 바다에도 해가 뜨고 지는데
지는 해 등에 업고 집으로 돌아온 그날 밤
눈 내리는 검은 돌 속
섬 아닌 섬 같은 마을을
헤아릴 수 없는 시간은

흰 점 속에서

또 얼마나 찰랑거려야 할까

매미

대각사 마당가
배롱나무에 장삼 한 벌 걸려 있다
육신은 어디 가고
평생에 한 벌 뿐인 저것
잠시 걸어 놓고
그는 떠났다

저 텅텅 빈 허물 속에
몇 번의 통곡을 얹어 놓은 것일까
개망초 우거진 절 마당 돌아 나올 때
더운 바람 한 줄기와
일주문까지 따라나서는
보이지 않고 내 귀를 잡아 늘이는
저 울음소리,
허공은 벗어났으나
부처님 손바닥 벗어나지 못하고
영혼만 떠돌며 오늘도 비명처럼
하루를 울어대는 것일까

이승에서 기워 잠시 입었던
저 등이 터진 옷 한 벌
일찍 빛바랜 나뭇잎 하나
발아래 떨어져 뒹굴고
물소리도 끊긴 대각사 길
어둠만이 몰래 등 뒤를 서성인다

꽃들의 전쟁

고요한 담장 옆
수상한 기운 감도는 오후다
금방이라도 폭풍 전야처럼 숨죽이는
매화나무 꽃가지들
장전해 놓은 총알들 촘촘하다

거미줄 같은 바람 한 줄기
매화나무 가지 흔들고 갔을 뿐인데
매화는 내 눈을 향해 총구를 겨누고 있다
무슨 일일까?
오인한 것일까?
언제 방아쇠 당길지 몰라

걸음 멈추고 떨리는 몸
모르는 체 생강나무를 바라보는데
나를 향해 사방에서 불을 뿜는 총구들
마침내 매화 향기 자욱한 꽃들의 전쟁을 시작했다
이제 평화는 끝났다
나도 이 황홀하고 미친 전쟁에 나가

매화나무 꽃가지에
붉은 전사 통지서로 걸리고 싶다

단풍잎

너는 한때 푸른 나비였다
허공에 오래 머물지 못한 나비는
빛바랜 제 몸무게를 이기지 못하고
나풀나풀 내려앉아
나무 아래 잠들어 있다

바람 불면 금방이라도
공중으로 날아갈 듯
날개 뒤척이지만
젖은 날개 말리지 못해 날지 못한다

뿌리를 덮은 젖은 날개는
한때 나비의 계절을 기억하고
나뭇가지에 새기느라
썩어 가면서도
향기 나는 꽃을 꿈꾼다

하늘의 푸르름과
단풍잎 같은 구름을 물고
빛바랜 나비는
겨울보다 깊이 잠들어 간다

해물 칼국수

갯벌이 잡았다 놓친
한 마리 나비였을 것이다
박곡 칼국수 집
시켜 놓은 해물칼국수
긴 수초 같은 국수 가락 사이
숨어 있는 나비들
유년 시절 내가
꽃 위에 앉은 나비
손으로 잡을 때처럼
서해 갯벌이 꽉 잡고 있었을 것이다
파도에 시달리다
어느 시장 바닥
아주머니 장바구니에 앉아
비릿한 마음 풀어놓은 사기 그릇 속
이제는 잡히지 않을 거라고 단단히 다짐하듯
날개 쫙 펼치고
꽃무늬 사기 접시 위에
사뿐히 내려앉는
저 파도 무늬 나비, 나비 떼

꽃양귀비

겨울을 견딘 바람이 각혈을 했다
꽃양귀비가 꽃대에 숨기고 있던
붉은 색종이 한 장을
기침하듯 뱉어 놓은 각혈

뱉는 것은 괴로움
지난 세월 가슴에 숨겨 온 상처를
꺼내 놓은 꽃대가 흔들린다

저 꽃은 각혈이 사랑이라 말하고 싶었을까
사랑이 다 말라 버리면
향기조차 사라져 버릴 꽃잎
폐결핵 환자처럼
괴로움을 기침할 때
뱉을 수도 뱉지 않을 수도 없는
봄날 새싹처럼 솟아오르는 그리움

꽃샘바람 불어오는 수목원 화단에

폐차장에서

한 사람의 삶이 구르며
점점 작아지는 삶도 있고
낮은 길바닥 핥으며 굴러야 하는 삶도 있다
우리는 구르고 굴러 작아지는 삶보다
가장 낮은 곳 핥으며 구르는 타이어처럼
단단한 삶 살고 싶을 때 있다
폐차장에 쌓여 있는 폐타이어들
이제야 한세상 잘 살았다 말할 수 있듯이
가진 것 없는 빈 몸으로 태어나
높은 곳만 바라보고 살았던 우리

어느 골짜기 높은 언덕에서
큰 바위 구르고 굴러
언젠가 모래알처럼 작아지고
빗물에 씻기고 바람에 깎여 먼지가 되어
봄 하늘 떠돌다
흔적 없이 사라지는 황사처럼
한 사람의 삶
폐차장 후미진 곳

순서도 없이 쌓인들 어떻겠는가
어두운 귀에 대고
황사가 속삭인다
한때 청춘도 그렇게 굴러가고
막다른 길 저곳 늙은 폐타이어들처럼
젖어드는 적막이 되는 것이라고

느림의 미학

민달팽이 한 마리 기어간다
여름 한낮의 길 위
순례사원 찾아가는 티베트 사람처럼
오체투지로 기어간다
자신의 몸
밑바닥까지 낮추는 오체투지의 길
버릴 것도 얻을 것도 없는 무욕
삶의 구겨진 마음
팽팽하게 다림질하듯 밀고 가는 저 땀방울
지나온 길의 흔적
구도자의 순례길처럼 뚜렷하다
그 길을 따라 내 눈이 먼저 나선다
알 수 없는 무심의 끝없는 여정
느리지도 빠르지도 않게
낮추고 높이며 가야 하는 길
곧추세운 민달팽이의 촉수
앞날을 예시하는 저 느림의 미학

낮에 나온 반달

굽이 돌려놓은 강기슭
외로운 나룻배 한 척

출렁이는 비단 물결 사이
서성이던 소슬바람이 버드나무에 걸터앉아
노란 이파리 하나씩 따서 던지니
목줄 잡혀 있는 나룻배 이파리 세며 받아 안는다

길손 건너려는 강
뱃사공은 오간 데 없고
빈 배는 떠날 의향 없다며
온몸을 흔들어댄다

하루를 살라먹은 밤하늘
창백한 조각배 한 척, 떠나간다

깨어진 밥그릇

밥 담아 먹었던 사기그릇 하나
깨어져 버려져 있다
버려져 담장 곁에 누워 있다
금 간 자리 떨어져 나가
칼날 같은 날 세우고 있는데

누가 버렸을까

깨어진 채 버려진 밥그릇 모습이
이혼한 부부 같다는 생각
헤어지면 남보다 못하다는 부부 사이
깨어지기 전까지는 밥그릇처럼 둥글게
서로를 끌어안아 주며 살았을 것이다
헤어지면 맨살 베기라도 할 것처럼
예리하게 날선 상처의 자리
살다 보면 때때로
깨어진 밥그릇 같은 현실 눈앞에 닥치는 일 더러 있다

보는 것만으로도
섬찟한 그런 순간이 있다
깨어진 밥그릇 하나 조심스럽게 거두어
사람들 눈에 띄지 않도록 땅속 깊숙이 묻어 주었다.

골목의 입들

우리 동네 골목집 낡은 대문들은
조용할 날 없는 입이다
열리고 닫히는 입들
손바닥으로 잠시 입 가리고
말을 참기는 하지만
옆구리 쿡 찌르며
깔깔대는 볼 붉은 소녀들처럼
마주보는 수다들이 끝이 없다

순대집이 김을 올리며 말을 걸면
어묵집이 답하고
채소집도 인사하는 길고 좁은 골목
된장국 냄새가 붐비면서
퇴근길 사람들 집으로 불러
허기를 마중물처럼 끌어올리는 저녁
불 켠 실비집 여자
출근하여 배추전 부치는 소리
간판 불 꺼진 여인숙집 아저씨

아직 공사판에서 돌아오지 않고
전봇대에 기댈 것 같은 옥탑방
고시생이 켜 놓은 형광등은
늘 눈에 불을 켜고 골목을 밝히며
저마다 저물녘을 알리는
언제나 변함없는 길
뒷산 부엉이가 소등을 알리기 전까지
말을 걸지 않지만 저 혼자
제 말하기 바쁜
이 골목의 좁아터진 입들

홍시

견딜 수 없는 결단이다
가장 단단한 것이
가장 부드러운 것

차오르는 보름달이다
더는 단단해질 수 없어
물렁해지는 불덩이
스스로 생각하고
다짐한 결정
언젠가 맞닥뜨려야 할
자유 낙하를 위한 몸부림
기다리지 마라
한 송이 꽃으로 떨어지지만
행성을 뒤흔들며
국화석으로 피어나는 붉은 꽃

입동立冬 지나

입동立冬 지나

자리를 내주는 나무를 본다

하늘 보며 누워

실려가는 나무를 본다

지난 생애

그의 전 재산이었던 열 평의 그늘

그늘의 키를 늘이고 줄였던 그의 혼신渾身,

이젠 대지를 감싸던 마음마저 묶인 채

저무는 늦가을 속으로

온몸 출렁이며 떠나고 있다

2
아지랑이 같은 이름 하나

아지랑이 같은 이름 하나

아득히 먼 어느 훗날
지나온 삶에 가장
소중한 사람이 있었느냐고 누가 물으면
나는 당신이라 말하겠습니다
해마다 피고 지는 수많은 꽃
어둠에 물들어 열린 문 닫고 더듬는 기억
쟁쟁하게 귓가에 남아 넘치는 고운 목소리
혼자 가야 하는 길
그 누구도 동행할 수 없는 길 위에서
다음 생에 또 만나고 싶은 사람이 있느냐고
누가 또 물으면
가슴 한구석에 고이 묻어 둔 이름
목에 힘주어 당신이라 말하겠습니다
마지막 숨 몰아쉴 때
보고 싶은 사람이 있느냐고
또다시 누가 물으면
생에 아주 고마워 잊을 수 없는
아지랑이 같은 이름 하나
깊은 가슴에서 꺼내 떨리는 목소리로
서슴없이 당신이라 말하겠습니다

간고등어 한 손

한 바탕 아내와 말다툼하고
막걸리 탁발하러 시장 길 지나는데
어물전 좌판 위 고등어들
죽어서도 등 뒤로 포옹한 것을 본다
살아 푸른 파도 베어 물다
죽어서 먼 눈 부릅뜨고
부둥켜안은 저 비릿한 사랑

평생 한번 싸운 적 없는 것 같아
주인 몰래 고등어 한 마리
등 돌려놓는 심술을 부려도
풀리지 않는 속이지만.
어떤 미친놈이 간고등어 한 손을
엎어 놓았냐고 어물전 주인이
투덜거릴 것 같은 저물녘

뜨겁게 숨이 타던 내장 다 비우고
쓰린 가슴 구석마다 소금 절이면
죽어서도 포옹이 되는지

나는 아직 막걸리도 잊은 채
시장 골목 어귀를 서성이는데

오십 여년 살 부빈 아내여,
우리는 아직 뿌릴 소금 남았는지
그래도 파장 가까운 어물전
고등어처럼 비린내 풍기며
살아야 할 날들이 옷깃을 당겨
멀어진 집으로 향하는데
등 뒤로 하얗게 소금 뿌릴 듯
멀리서 마중 나오는 불빛 하나

가을, 바람 좋은 날

잠시 밖으로 나가려는데
아내가 어디 가느냐고 묻는다
바람 쐬러 간다 했는데
베란다에도 바람은 분다는 아내
대답 없이 신발 신는데
굳이 바람을 밖에서 쐬야 하느냐는
질문이 뒷머리를 따라온다
대꾸 없이 밖에 나오니
강바람 귓가에 맵다
이런 날 친구 손잡고
어린 아이처럼 어깨 겯고
한적한 오솔길이라도 걷고 싶은데
친구는 멀리 있다
환삼덩굴 우거진 수풀 사이지만
한 무더기 코스모스는 피어
강바람에 쓸리는 둑길
물총새 한 마리
짧은 화살표 발자국을 남기며
백사장을 가고 있다

새가 걷는 불안한 걸음
물가에선 잠시 쉬어 가는데
내 기진한 발걸음은
어느 낯선 강가에서 멈추나
시위를 잘못 떠난 화살처럼
부러지면 다시 되돌아오지 못하는 나날들
아내는 또 어딜 다녀오냐 묻겠지만
물총새 따라 걷은 일은
비밀로 하련다
물총새 내일처럼 알 수 없는
어스름 내리는 초저녁 길
삘기꽃 자욱하게 바람에 쓸린다

현재 진행형

TV 앞에서
리모컨 쟁탈전 앓는 채널의 번민
밤마다 한 이불 위에 누워
이쪽과 저쪽으로 갈라져
아내와 창 넘어가지 않는 목소리로 싸운다

둥둥 떠다니는 방송
선전이 나오고
유명한 가수 음향과
초췌한 한 남자의 얼굴이
화면에 머물다 사라지는 밤늦은 시간
선명하게 토라진 아내 등 돌린다
이불 위로 침묵이 흐른다
못 이기는 척 아내에게 리모컨을 건네보지만
미련한 종전의 협정 그래도 냉랭하다

굽어보던 형광등 속눈썹에 감긴다
세상 침잠하듯 깜깜한 휴전 상태로

전어 굽는 날

가을 저녁
전어 굽는다

숯불 위
석쇠 걸쳐 놓고
전어 은빛 살
빗살무늬 칼집 넣고
왕소금 뿌려 가며 전어 굽고 있다

외손자 보러
집 나간 여편네 돌아오라고
고소한 냄새 연기에 실어
파주로 날려보낸다

뒤집고 또 뒤집어도
타들어가는 전어
재가 되어 가는데
보름마다 온다던 여편네 아무런 기별 없다

까맣게 잿덩어리 되는 것은
숯불 위에 누워 있는 전어가 아니라
까맣게 타들어가는 내 마음밭엔 재만 폴폴 난다

부부

잡풀 무성한 강둑을 걷다가
날 저물어 돌아와
먼지 묻은 바지를 털어 보니
바지에 몰래 붙어 와
먼지 터는 손을 놀라게 하는
따끔한 씨앗 하나
우연이 아니라 필연처럼 따라온 도꼬마리
사십 년 전 저 씨앗처럼
따라온 새색시
우연인 듯 필연이고
필연인 듯 숙명인 너와 나
한평생 떨어질 수 없는
도꼬마리 그림자
강둑에서
우연히 붙어 따라온
도꼬마리 씨앗처럼 도깨비바늘처럼
해마다 아프게 피었다 지는
도꼬마리 부부

늙은 그녀 냉장고

멀쩡하던 그녀가 운다
얌전했던 그녀 울음소리, 밤 깊으면 더욱 뚜렷하다
단 하루도 편히 쉬는 날 없다
천성이 부지런해서 한여름 더 바빴다
아무나 쉽게 접근할 수 있는
아무나 더듬을 수 있는 헤픈 그녀
여성스런 싱싱한 향기는 없지만
간혹 비릿하고 맛이 간 냄새 날 때가 있었는데
늙고 병드니 안 하던 투정이 심하다
가족들은 신경 끄고 살았지만
귀에 거슬리는 울음
그렁그렁 가래 끓는 소리
비행기 지나가는 소리에 잠 설치는 날
컴퓨터 마주하던 한 사내 그녀 곁으로 걸어간다
게슴츠레한 얼굴로
그녀의 몸을 더듬는다, 이곳저곳
멀쩡하지 않아 느끼지 못하는 성감대
그녀는 싸늘한 한숨만 길게 뱉어 낼 뿐

나는 세 여자와 산다

두 여자는
밥하는 여자
빨래하는 여자이다

밥하는 여자는
하루에 몇 번씩 한숨을 푹푹 쉬고
빨래하는 여자는 간혹 투덜거린다

또 한 여자는
술 많이 먹느니
담배를 줄이라는 둥
간섭과 잔소리가 심하다

그 세 여자 중
간섭과 잔소리 많은
늘 한숨 쉬는 여자보다 간혹
투덜거리지만 빨래하는 여자를 좋아한다

슬픈 울음 그치면
마음 열어 몸 더듬어도
거친 손 거부 않고 땀내음 지우는 여자를

국수

아내가 국수를 삶는다
직선인 국수를
뜨거운 물에 넣어 삶을 때
젓가락으로
회오리바람 일으키듯 휘저으면
국수 가락은 흐믈흐물 곡선이 된다
삶은 곡선
찬물에 헹구어 짠 맛을 빼면
면발의 함성 사라지고
쫄깃쫄깃 씹히는 탄성
아내는 긴 면발을
손으로 돌돌 말아 한 덩어리씩
큰 그릇에 담아
잘게 썬 오이채 고명 얹어 내온다
붉은 꽃무늬 수놓은 듯
양념간장 한 숫가락
곡선이 된 면발 위
붉은 꽃을 피우고
직선 삶을 때처럼 일으키는 회오리바람

면발의 진미 가늠할 때
직선의 혀는 곡선이 되어야 한다
정직한 혀 익숙한 탐욕
위장 속으로 직행할 긴 국수가락
어디서 들리는
한 톨의 밀알 구르는 소리

우리 어무이

물이 좋아야 하는기 생선뿐인 줄 알았는디
여자도 물이 좋아야 한다고, 아 글씨다
늙은 여편네들이 마을 회관에 모여
남정네들 눈치도 보지 않고 웃고 울며 야단법석인데
그 자리에 있는 내가 남사스러
화롯불을 얼굴에 뒤집어쓴 것 같은기라
그런데 얘기가 거기서 끝나면 좋을텐디 글씨
야야 니 알제 철이 엄마 죽고 후처로 들어온 철이 새엄마
네 어무이 듣고 있심더
빙 둘러앉은 홀아비들 한 바퀴 훑어보고 한다는 말이 글씨
사내가 밝히면 요물에 죽고
계집이 밝히면 양물에 죽고
소가 밝히믄 여물만 우물거리다 죽는다 카는디
듣고 웃고 울다 온기라
잼있네예, 웃고 울면 오래오래 산다 안 합니까
그럴랑가 모르지만 어쨌든 앞길 조심혀야 혀
한 발 잘못 디뎌 불구덩이에 빠지지 말고 가야 하는 기여
시상 어디 그런감 남자들이 다 늑대라 카드만
알고 보면 여자가 재주넘는 여우여

꼬리 열두 개 달린 여우 살랑살랑 꼬리 흔드니까
홀딱 남자가 넘어가는 거라 홀려서 조심혀라 무섭데이
네 어무이,
밥도 다 되었승께 저녁이나 묵자, 배고풀라

오라는 비는 안 오고

야야 큰일 났다. 맏이야
어무이요, 왜요?
오라는 비는 안 오고
논바닥은 턱턱 갈라지고
고추대는 배배 틀린다
오늘이라도 비 한줄기 오면 되는데
요즘도 바쁘나?
네에 조금요…
그래 너 오는 것도 비 기다리는 거 겉다
어무이요, 내가 비 겉으마
벌써 달려갔을 겁니데이
안다, 내사
그래도 기다린다는 것이
마른 논바닥처럼 입술이 터지고
고춧대처럼 목이 마르고
마음속이 배배 꼬이는 것 같다
야야, 올 추석에는 얼라들하고 다 올끼제?
…….

야야,
만이야 전화 끊었나?

몇 해째 명절에도 못 가는 고향
비를 기다린다는 어무이 목소리
오라는 비는 아니 오고
눈물샘이 말라가는
나는 오늘도 큰일난 맏이

아홉 뙈기 다랑논

맏이야!
큰골 다랑논 묵히지 말그라
그 논 묵히면 너 아부지
저승에서도 눈 감을 수 없을끼데이
삶은 보리쌀 위 쌀 반 줌 얹어 끼니 때우며
자식들은 이밥 먹일라꼬
허리띠 졸라매고 긴긴 하루 손바닥 물집 잡히도록
괭이질로 일군 다랑논이라
맏이야! 묵히면 안 된데이
꽃 피는지, 눈 오는지
세월 오가는 줄 모르고 일군 논배미
집 삼아 기둥 삼아 쳐다보고 붙들고
너희 칠남매 키우며 장승처럼 살았데이
두째 다랑논엔 샘물 나고
시째 다랑논엔 쟁기질하는 소가 잘 빠진다 카드라
마지막 아홉째 논은 석축 높아
물 들어도 잘 마른데이, 자주 가보그라
논밭 식구들은 주인 발소리는 알아본다 안 카나
근데 어매요!

그 아홉 뙈기 다랑논 지킬 수도
묵힐 수도 없는 맏이인 나,
집 기둥뿌리까지 뽑아 금융에 잡히고, 또 넘겼으니
이제는 눈에만 선한
아버지의 그 아홉 뙈기,
있는지 없는지 큰골에 붙은 그 다랑논

목줄기에 걸린 마음 하나

양지쪽 담장 아래
초겨울 햇살 젖은 치마폭에 쓸어 담고
늙으신 어머님이 김장을 하신다
양념으로 버무려진 고춧가루로
시집갈 딸자식 치장하듯
숨죽은 배추속 일일이 들추며
붉은 옷을 입히시는 어머니
제비 새끼 같은 입 하나 곁에 없는데
올해도 어김없이 김장을 하신다
굽은 등 곧게 펴시며 던지는 한마디 말씀
애비야! 오늘 같은 날은
돼지고기 삶아 김치 싸서 먹는 맛이 제맛이제
하시며 빙그레 웃으시던 그날 저녁
돼지고기 한 근 사서 삶아 김치 곁들어
어머니와 마주 앉아 마시는 막걸리 한 사발
시원하게 목구멍 넘어가는 줄 알았는데
곧은 목줄기 가시처럼 턱 걸리는 아버지의 마음 하나

신신당부

칠순이 아침부터
신신당부를 한 상 받는다

야야 어디 가노,
서울에 볼일 보고 올게요
간병인 아주머니에게도 신신당부하였어요
그래 내 걱정 말고 잘 댕겨 오너라
신신당부가 벽을 잡고 일어선다
용돈은 책상 위에 두었어요
그래 밥은 잘 챙겨 묵어라
신신당부가 거실을 지나
신발장까지 따라오면서
야야, 타관에서 차 조심하고
술은 적당히 마시래이

못 미더운 칠순 자식
구순의 신신 당부를 데리고
현관문을 나선다

그럭저럭

요즘 어떻게 사느냐고
바람이 묻는다
그럭저럭이라고 강물에게 답했다
그럭저럭이란 말
처음 들으면 무슨 뜻인지
도무지 알 수 없지만
길안*에서는 통한다
언덕마다 사과 꽃은 잘 피었는지
올 농사 비료값, 품값 제하고
장화값은 남았는지
맵디매운 고추농사
태풍 뒤에 탄저병은 오지 않았는지
이웃 친구 맏며느리는
딸을 낳았는지
아들딸을 쌍둥이로 낳았는지까지
전답 팔아 서울 가서
밥장사하다 폭망하고 소식 없는 친구와
그 친구 아들내미 근황까지
저 아랫마실 과부댁 속마음까지

말하지 않아도 되는 한마디
도포자락 헐렁한 소매 같은
내 고향 길안에선 자주 쓰던 그리운 말
그럭저럭

*길안 : 내 고향 경북 안동군 길안면

옆

태풍 셀마가 지나간 후
우리 집 벽돌담이 무너졌다
쥐 한 마리 드나들 수 없이
단단하던 벽돌담이 무너져
길을 막았다

장마 그친 어느 날 오후
동네 친구 집 찾아갔는데
호박돌로 얼기설기 쌓은 돌담은
보란듯이 멀쩡했다

그 집 돌담은
꽃향기 지나다니며
마루를 보여주고
된장 끓이는 냄새
골목까지 넘어오는
돌과 돌 사이 바람이 드나드는
옆이 있었다

태풍도 맞이하는
옆이 있었다

3
늙어 가는 이유

늙어 가는 이유

나를 늙게 하는 것은
스쳐가는 계절의 바람도 아니고
피고 지는 꽃도 아닌
자식들 때문일 거야

아버지란 말만 듣고 살다가
어느 날부터 자식의 자식들이
할배 할배 하며 품에 안기는데서야
어찌 내가 늙지 않고 배겨날 수 있겠는가

넉넉하게
한잔 술 걸치고 찾아가는 집
외손녀를 만나지 못했는데
애물단지 같은 큰딸이

할배 술 한잔하고
비틀비틀 집에 올라가시더라고
애들 보는데 취하게 마시지 말라는 말

가는 세월도 서러운데
자식 눈치 보며 살아야 하는 나
그래도 별 탈 없이 커가는 손자 손녀들 보면

나는 늙어도 대견스럽지 아니한가

황토 개울 앞에서

팔순 노모 모시고
첫걸음마 가르쳐 준 고향에 갔지요
낡은 앨범 같은 씁쓸한 기억의 순간들을
한 장 한 장 넘겨보며 지새운 초가을밤
구멍 뚫린 하늘에서
물동이 물을 쏟아붓듯 장대비가 내리는데요
날이 밝아 돌아오는 길
물기 머금은 버드나무 한 그루가
배웅해 주는 개울 앞에서
황톳물이 넘쳐
치렁치렁한 치맛자락 당겨
냇물 속으로 발 담그시려는 노모
무릎 접어 등에 업었는데요
당신의 몸무게가 어쩌면 그렇게도
어린 시절 등에 매었던 책보따리 같이 작아져서
늘 건너다녔던 시냇물 속에서
다리가 연신 후들거려 왔는데요
어젯밤 내리던 빗물처럼
내 눈에서도 뜨거운 물기가 넘치고 말았는데요.

출생 신고

일 년 입은 상복 벗던 날
딸 넷 낳은 뒤, 얻은 아들
출생 신고 마치고 면사무소 나서는데
면장님, 황급히 나를 부르더니
이 사람아, 정말 득남했는가?
덥석 내 손을 잡으며
다행이네, 정말 다행이네

쑥스러워 뒷머리 긁적이는데
잘 키우시게, 자네 선친께서 하신 말씀
나는 세상 태어난 보람이 없네
손자 복 지지리도 없어
만약에 말일세
나 죽고 난 후 내 아들
고추 달고 나오는 자식 얻어
출생신고 하러 오거든
이 할애비
오래 기다리다 갔다고 전해 주게나

아득히 깊고 먼 동굴 속
메아리처럼 들리던 그 말
생전 등허리 땀냄새 가시지 않던
그 어른에게도
그날은
한 번 더 출생신고를 하고 싶었다

자식 생각

거미줄 쳐 놓은
헛간 구석진 자리
팽이 하나 누워 있다

팽이 돌리던 어린 주인은
충실히 국방의 의무 수행 중인데
한 쪽 허리 썩는 줄도 모르고
어둠 속 비스듬히 누워
오랜 시간을 기다리고 있었구나

마당 한가운데서
팽이채로 때리고 또 때리면
무지갯빛 꽃으로 살아 있던 삶
콧노래가 나오도록 잘 돌아가던 자식놈
어느 연병장에서
빵빵이 팽팽 잘 돌아가고 있을까

거미줄에 걸린 세월은
아무런 말도 없네

코스모스

손녀와 손을 잡고
코스모스 꽃길을 걷는다
알싸한 향기 바람에 날리고
저 꽃길 끝나는 곳 어디쯤
누군가 손짓하는 것같아
손녀를 이끌며 걸음을 재촉한다
아이는 나를 꽃길 끝까지
가지 못하게 끌어당기는지
내 마음까지 달아나는지
뭉게구름 같은 마음은
햇빛 속으로 빨려 들어간다

아이의 손이 코스모스 꺾어
한 잎 건너 한 잎씩 떼어
허공에 던진다
코스모스 꽃잎 바람개비 되어
가을 하늘에 점점이 박힌다
고추잠자리 몇 마리 휘돌다가 떠난
바쁘다던 하루해가 점점 짧아진다

햇나물밥

보리누름에 찾아간 친구 집
툇마루에 앉아 받은 산나물밥
먼 훗날 한 여인이 생각났지요
겉보리 서 말로서
흉년을 넘기셨다는 그 말씀
새삼 떠오르는 깜깜 오월 그 해
새집 짓고 고단했던 삶 이야기
사십 넘어 칠 남매의 장남이 들은 적 있지요
조석으로 팔 할의 햇나물과
이 할 쌀로 지은 나물밥 두 그릇
아버지 상에 올리고 자식들 챙기시면
솥바닥 닳는 무쇠 주걱 소리에도
허기를 잊으셨다던 내 어머니
청보리밭 사잇길로 아이 하나
무명 치맛자락 잡고 따라가던 모습
붉어지는 눈시울 들키기 싫어
바라보는 산벚꽃 희끗하던 먼 산
명주바람 상머리 돌아나갈 때
자네 무슨 생각 그리 많은가 밥이나 들게…

친구 말 내 귀 팔 때까지
숟가락 들지 못하던
그 햇나물밥 한 그릇

옛길

뱀이 지나간 흔적인가
구부러진 저 옛길

새길 나자마자
옛길 찾아오는 나그네도 없고
빛바랜 이정표도 하나 없어
무성하게 자리잡은 온갖 잡초들
철따라 어김없이
들꽃은 피어 벌 나비떼 찾아와
입맞춤하고 가면
소슬바람 지는 꽃잎 끌고 가는 곳

오롯이
꽃향기만 젖어드는 그 옛길

신발들

추석 전날
아파트 비좁은 현관 입구
내 신발은 구석자리
서로 출발지가 다른 신발
구두, 운동화, 하이힐. 조개비 같은 신발들
얽히고 설켜 투정부리지 않고
서로 보듬어 안고
멀리서 왔다고
고생했다고 발등 다독이며
비좁은 자리 서로 조금씩 양보하면서
가을밤은 조용히 깊어만 가네

삿갓 배미

형제가 많으신 아버지
신접살림 날 때
구멍 뚫린 솥 하나 달랑 물려받으셨다는데
허리띠 졸라매시고 일군 땅
씨 뿌려 거둔 몇 해 뒤
큰골 먼 외가댁 다랑논을 사셨다는데
너무 기쁜 나머지 안개비 내리는 아침
삿갓 쓰고 다랑논 구경삼아 가셨는데
오던 비가 그쳐
논두렁에 삿갓 벗어 놓고 세어 본 다랑논
여덟 뙈기논으로 알았는데
아무리 세어 봐도 일곱뙈기뿐이라
속은 것이 아닌가 하고
삿갓 들고 세어 본 여덟 뙈기논
우리는 그때부터 삿갓 아래 논을
삿갓 배미라 불렀고
대토할 때 나는 그 뙈기논을 빼고 팔았다
뙈기논을 사들인 이웃 사람

혹여 우리 아버지처럼
삿갓 벗고 서운해 하실까 봐

봄날

해가 짧은 봄날
무논을 갈던
농부가 채찍으로
황소 엉덩이를 후리친다

황소는 논을 갈다 말고
논 한가운데 멈춰서서
꼬리로 채찍 맞은 엉덩이를
쇠파리 쫓는 척 어루만지다
고개 젖히며 워낭 소리를 낸다

땀에 젖은 목줄기 드러내놓고
농부의 주름진 얼굴 쳐다보며
눈가에 잠시
슬픈 물길을 내며
눈망울 속에 농부를 가두어 놓는다

갈아야 할 무논은
아직도 많이 남았는데
노루꼬리만한 해마저
서산을 넘어간다

꼬리

어릴 적 잡았다 놓쳤는데
그때 내 손에 꼬리만 남았었지
손에 남아 있는 짧은 꼬리 가만히 들여다보니
쥐꼬리 같기도 하고
칡넝쿨 햇순 같던 그 꼬리
아직도 죽지 않은 신경이 꼼지락
그 작은 도마뱀은 짧은 꼬리만
내 손에 남겨 놓고 황급히 풀숲으로 사라졌다

나는 풀숲에 들어가 도마뱀 흔적을 찾으려다
아버지 무덤을 보고 나는 생각했다
아버지 꼬리는 분명 나일 것이라고
잡았다 놓쳐버린 도마뱀처럼
꼬리가 떨어져도 재생할 수 있는
아버지의 꼬리
그러나 내 꼬리는 아직도 성숙하지 못한 채
새끼 도마뱀 같은데

어느 늦은 밤
현관문 열고 들어오는 객지 사는 아들
그놈 또한 어릴 적 잡았다 놓쳐 버린
도마뱀처럼 짧은 꼬리만
내 손에 남아 있는데
아직도 신경은 살아서 허기만 지는지
대뜸 냉장고 문부터 열었다 닫는다

그 말

이웃집 할머니 마루에 걸터앉아
발톱에 봉숭아 꽃물 들이신다

봉숭아 꽃물을 손톱에 들이지 않고
할머니는 왜 발톱에 들여요?
그 질문이 발등에 떨어지기도 전에
언젠가 한 번은 맨발로 갔다가
다시는 돌아오지 못하는 그 길에서도
죽은 영감이 나를 알아보겠끔
꽃물을 들인다는 그 말

한평생 살아오면서 영감한테 들은 말 중에
"임자 발이 세상에서 제일 이뿌데이"
딱 한 번만 들었다는 그 말
단 한 번도 잊은 적이 없다는 그 말
봉숭아물 들여 저승 가면
맨 먼저 서방님께서 나를
알아볼 것 아니겠냐는 그 말

서산 해 그림자 따라 걷는
발밑에 달려드는 마른 건초들 사이
자꾸만 어른거리는 할머니의 연정

소금자루 속곳

오뉴월
이웃집 할머니
우리 집에 오시면 날씨를 예견하셨지
그럴 때마다 어머니는
빨래하시기도 하고
널어놓은 덜 마른 빨래를 걷기도 하셨는데
하늘에 구름 한 점 없어
마당에 겉보리 널어놓던 날
이웃집 할머니가
"이 사람아, 얼른 보리 멍석 걷어라" 하시면
분명 얼마 지나지 않아 소나기 한줄기 지나갔었지
기막히는 예견이었지 그때는
그런데 내 나이 들어 알았지
그 이유를
오뉴월 소금자루로 지어 입으신 속곳 때문이라는 것을
천상의 할머니
오늘 날씨는 어떤가요

고향의 득음

고향 여름밤
세상을 흔드는 개구리소리
그 울음 속에 내가 갇혀 있다
내가 갇혀 있는 것은
세상을 흔드는 개구리 울음 소리가 아니라
슬픈 가락에 취하여 잠들지 못하고 귀 세워 득음 중이다
내 마음은 언제쯤
깊숙이 자리잡을지 모르지만
갈퀴 같은 손톱으로
생가슴 도려내는 듯한 애절한 가락
남도 가락이 이보다 더 절창일까
끊어질 듯 끊어질 듯
끊어지지 않고
여리게 이어지는 남도 가락 같은 긴 여운
지워지지 않는 수많은 기억들
잔별처럼 또렷이 반짝거리는 고향 여름밤
한줄기 소나기
파초잎 윗길로 도망치는 것처럼
흔들리며 젖어드는 파초잎 같은 내 마음

팔 그리고 손과 손톱

나는 고장 직전의 굴착기이다
먼 날의 아버지도 굴착기로
곧은 백양나무 일곱 그루 곱디곱게 키우시고
아버지 DNA 몸속으로 흐르는 나는
앙증맞은 강아지 다섯 마리 곱디곱게 키워
살길을 찾아 곳곳에 보냈는데
이제 낡아도 너무 낡은 굴착기
원활하게 윤활유가 돌지 않아서일까
힘쓸 때마다 약해지는 유압
본체에서 파생된 붐대 펴고 접는 앞 붐대
연결 부위 파상破傷의 경고음警告音
그러나
반가운 사람 만나면
몸보다 먼저 뛰쳐나가는 삽날
그리운 사람 떠나보낼 때
이별의 눈물을 받아내는 손수건이었고
이빨은 나일론 장갑보다 더욱 질겨
평생 써도 닳지 않는
어쩌랴 생이 끝나는 그날까지

마지막 혼불로
허우적거리며 파고들어야 할 나는 굴착기
그 먼 날에 멈춰 버린
아버지의 굴착기와 그 연한이 같다

갈비탕을 먹으며

다이어트 중인 아내와
갈비탕 속 갈비를 건져 먹는다
아니다, 갈비는 먹는 것이 아니라 뜯는 것
뜯는다는 말에 잠자고 있던 가슴속의 야성이
으르렁거리며 입밖으로 튀나온다
한 조각 갈빗살 이빨로 베어 물면
갈비뼈 떠받들던 연한 살점들
몸의 중심으로 이동하면
불끈 튀어나올 것 같은 근육
갈비탕 그릇 속 뼈에서 우러난 희뿌연 육수
내게도 좋을 것 같아
그릇째 마시는데
금방 진득한 땀방울 흐르고
다이어트 중인 아내 얼굴도 화색이 돌지만
갈빗살 발라서 먹을 때마다
뜨겁게 눈물겹기도 해야 할 일인데
식탁 위, 한생 떠받들고 있던
서까래 같은 갈비뼈 바라보면서
나는 말한다

갈비는 먹는 것이 아니라
두 눈 부릅뜨고 물어뜯는 것이라고

확성기 소리

어둠이
그물처럼 덮는 골목
싱싱한 고등어가 왔습니다

잠시 뜸들인 후
영덕에서 금방 잡아온 싱싱한 고등어가 왔습니다
여백의 순간은 길지 않았지만
확성기 소리에 먼 옛날의 기억을 더듬는 방

하루해가 노루꼬리만할 때
장날도 아닌 날 컴컴한 시장 뒷골목에서
마른나무 한 짐 파신 아버지
지게목발에 달아 오신 한물간 간고등어 한 손

얼마나 오랜 날을
소금 치고 물로 씻고 간했던지
고등어 흰 뱃가죽 노을빛으로 물들고 있었지만
그날 밥상머리 온가족 얼굴은 더없이 환했었지

먼 옛날 젊은 아버지처럼
가족 위해 뒷주머니 더듬을 때
닫힌 방문 열고 발이 먼저 앞서는 저녁의 골목

4
강가의 돌

강가의 돌

나는 어쩌면 그렇게 흘러왔으리
봄을 건너온 바람과
오뉴월 몸달아오르는 햇살과도 관련없이
소용돌이 흙탕물에 밀리고 쓸리는 몸뚱이로
육십여 년 세월을 흘러왔으리
그리하여 어느 호젓한 강기슭
지친 마음을 내려놓을 때
강 건너 마을로 돌아가는 사람들을 위하여
징검돌이 되고픈 꿈꾸었던 적 있었으나
제방의 축댓돌로 잠시 쓰였다가
어느 한 해 장마철 와르르 무너지고
하구까지 흘러간 적 있었으니
부딪치고 마모되어
모난 내 생의 모서리도 닳아 갔으리
가슴에도 금이 갔으리

언젠가 한 번쯤 너를 건넜던 징검돌이 되었으면
제방 밑에 깔린 축댓돌이었던 적 있었으면
황혼의 내 삶이

안타깝고 초라하지 않아도 될 텐데
강가의 돌멩이로 나를 불러도 괜찮을 텐데

하루살이

아침을 건네고
안개에 쌓인 새벽을 뚫고
낡은 몸이 걸어간다
몇 장의 푸른 이파리 던져 줄
구세주 같은 구인광고 찾아 걷고 또 걷는
하루 여덟 시간동안 팔린 몸은 내 몸이 아냐
춥고 더운 것도 나의 사정, 갑의 사정은 아니다
내 스스로가 돈이니 안전에 주의할 것
헬멧을 쓰고
안전화 끈 바짝 조이는 공사 현장
시키는 대로 일하면 된다, 일하다가
듣기 싫은 노래든 배부르지 않은 욕이든
한 귀로 듣고 한 귀로 흘려 버릴 줄 알아야 하고
스스로 감내하고 인내해야 한다
그렇지 않으면 일당은 물 건너간 것
그러나 몸뚱어리까지 팔린 것은 아니다
태양이 서쪽으로 기울어
어둠이 또 오늘을 덮을 때
또다시 내일을 걱정해야 하는
나는 하루살이

안전화 끈

끈이 신명이 났다
X자로 묶었던 안전화 끈이
나도 모르는 사이 풀려
발 들어 옮길 때마다 신명이 났다

질척한 공사 현장
흙탕물을 막걸리처럼 마시고
좌로 우로
앞으로 뒤로
자유를 만끽하듯 춤추는 두 가닥 신발 끈

다시 고쳐매려고 하는데
마치 토라진 마음처럼
처음으로 돌아가지 않는
엉성한 매듭 내려다보면

나에게도 그런 날이 있었다
X자로 묶었던 안전화 풀린 끈처럼
풀린 채 방종하다가

처음 상태로 되돌리기까지
되돌아오기까지 지난했던 적 있었다

흙탕물에 부풀어오른
본래 모습 상실한 신발끈
제 구멍에 끼어넣기도 수월치 않았던
그런 일 있었지만

나비

무작정 집을 나와 고속도로를 달린다
가야 할 곳이 있는 것도 아닌데
내비게이션은 친절하게 길을 안내한다

군위 지나 안동으로 달리다, 잠시
휴게소에서 문 열고 내리는 사이
어디서 날아왔는지
나비 한 마리 무임승차 한다
젊잖게 뒷좌석에 앉아 있다가
시동을 걸자마자 앞좌석으로 날아와
날개를 접었다 펴면서 아는 체한다

우리가 가야 할 곳
여기보다 더 좋은 곳 있을 것 같은
그 어디
우화등선이라도 해야 하는지
한 마리 나비 되어
생의 최종 목적지를 찾아 가야 할 나,

내비게이션을 끄고
나비 손짓 따라 어디 한번 달려볼까

사랑

아무도 모르게 누구를
사랑한 적 없었는데 가을만 돌아오면
누구인가 그리울 때가 있다
그리워할 일도 아닌데
내 마음속에는
누가 숨어 살고 있나
와룡산 산마루마다 피었다 지고 마는
새털구름 꽃
베란다 유리창 지나가는
얼굴도 모르는 그리움
내 가슴에 깃든다
금호강 갯버들만 안개 속에 아침마다 흐려지고
이 세상 가장 쓸쓸한 표정으로
내 곁에 왔다 떠나가는
낯모르는 그대는 누구신가
사랑이 아니어도
채송화처럼 낮은 키 더욱 낮추어
그대 곁에 잠시 귀기울이고 싶다

껍데기뿐인 것을

나는 내가 아니고 싶을 때가 있다
해거름 저자거리 채소전에 가면 나는
하나의 풋풋한 채소가 되고 싶을 때가 있다
어느 가난한 저녁 식탁 한 끼
조촐한 부식이 되기 위하여
어물전에 가면 고등어 한 손이 되어
잉걸불 위에 누워 앞뒤 노릇노릇하게 익어
어느 젓가락에 내 살 한 움큼
물려주고 싶을 때가 있다
없는 입맛 돌아오라고
지하철 신문을 덮고 잠든 노숙자를 보면
포근한 한 장의 이불이 되고 싶고
독거노인의 싸늘한 방에 가면 내 육신 태워
한 겨울 따뜻하게 지낼 수 있게
한 장의 연탄이 되고 싶다
그러나 지금 나는 무엇인가
태어나 한 생을 살면서
그 무엇도 될 수 없는
가난한 껍데기뿐인 것을

눈 내리는 날

오늘 속절없이 내리는 저것이
한때 목화송이였으면 했던 시절 있었지
소리 없이 내려
한세상 풀먹인 홑이불처럼 덮어
사그락거리는 저것
하늘에서 내리는 쌀가루였으면 했을 때도 있었지
지금은 늘그막, 바랄 것도
욕심낼 것 없었지
비닐하우스 농사꾼들 고생하겠지
하는 생각뿐
산비둘기 깃털같이 내려앉아
가슴 젖게 하는 저것
내 가슴에 뭉쳐진 채 구르다
어느 날 눈사람으로 서 있다가
햇살 쨍쨍한 양달에서
아무도 모르게 작아지다가
흔적 없이 사라지는 것처럼
나도 이 세상에서 사라져야 하리
내 생애 문득 그런 일 있기를

늘그막, 어느 오후
막걸리잔 속에 눈은 내리고
내린 눈은 내 가슴에 차곡차곡 쌓이는데

낮꿈

이번 사는 한세상
조신한 여자와 살았으니
다음 한세상은
젊은 술집 여자 만나 살고 싶다
허름하지만 옥屋이니 정亭이니 하는
멋진 술집 간판을 걸어두고
밤에 피는 박꽃처럼 달맞이꽃처럼
밤마다 진한 화장을 하고
일 나간 서방 기다리듯 문 활짝 열어 두고
주객酒客을 향해 눈웃음 날리는 여자
짧은 스커트에 가려진 거기가
무슨 색인지 보일 듯 말듯
다리를 꼬고 앉아 구름 만드는 여자
술자리에 앉으면
니나노 장단 짚으며
세상 향한 구슬픈 노래 불러대는 여자
밤새도록 함께 술보다 이야기를 마셔 주는 여자
술 취해도 절대 울지 않는 여자……
흙바람 이는 한세상

슬프고 기쁜 강 어찌 건너왔는지
기억조차 가물거리는데
다음 세상은 술집 차린 젊은 여자와
정말 꼭 한 번 살아보고 싶은데
그런데, 그런데 오십 년 동고동락한
이승의 손톱 아래 가시가
자꾸 마음에 돋아나는
말년에 꿔보는 아득한 낮꿈이여

허무한 독서

책을 읽는다
표지도 작가도 알 수 없는
헤아릴 수 없는 눈빛들이 읽었다는 책
나는 가슴으로 읽는다
책장 넘길 필요 없이
스스로 넘어가는 책장들
알 수 없는 비, 바람이 있고
민들레 한 송이 피고 지는 저쪽 경계는 어둠이다
석양을 읽고 별을 읽고 달을 읽지만
그 누구도 독파했다는 말
들은 적 없는 한 시대 더불어 읽던 사람들
길 떠나 다시 돌아오지 않는데
영원히 들려올 탄생의 울음소리
나는 오늘도
황혼을 읽고 별을 읽고 달을 읽고
쓰러져 다시 부활하는 새벽
펼쳐지는 황홀한 한 권의 책
읽고 읽어도 숙지할 수 없는
생의 허무한 독서

주산지 왕버들

어느 삶이
저렇게 고요할 수 있을까
시린 무릎에도
한 세기世記 견디고 나면
새봄은 다시 오는가
그래도 쉬 쓰러지지 않고
어미 만난 어린 새
주둥이 열듯 마음 열어
풀쇄기 같은 꽃 피우느니
이제는 누가 나를
노래하게 해 다오
마디마다 옹이로 남은 생
노래 한 소절 지상에 남기고
썩고 썩어 물속에 다시 잠길지라도
후회는 없을 것이니
오늘도 나는
저 두근거리는 물가
바람소리 새소리에
또 다른 눈을 뜨네

마음의 꽹과리

내 마음에
꽹과리 하나 가졌어라
황혼의 절정으로

별들이 눈을 감았다 뜨고
산 넘어로 흘러갔던 구름 다시 오고
말없이 세월은 흘러간다 해도
내 마음은 꽹과리 하나 꺼내어 두들겨 보리라

어느 생의 벼랑 끝
어제보다 오늘이 더 가깝고
내일이 오늘보다 더 머나면
죽음의 날이 오기 전
내 슬프고 기쁜 마음일랑 풍물에 담아
한마당 질펀하게
한세상 놀다 가리라

그대들은
징 치고 북 치며 노래 부르라
내 삭히지 못한 가슴 속 울분
조각달에 걸어놓고
달빛 밟고 흰 두루마기
소맷자락 휘날리며
신명나게 외다리 학춤 출 것이니

훗날, 생의 종지부 찍을 때
울고 싶었던 서글픈 마음
꽹과리를 칠 수밖에 없었다고 말하려니

떠날 때는

숲속에 놓아 둔 덫에
수노루 한 마리가 잠들었다
온 마을 콩밭 망치고
고구마순 다 처먹고도 모자라
수확하지 못한 농산물로 연명하던
그가 세상을 떠났다

유난히 가뭄 심하던 올해
함께 넘기지 못하고
서럽게 울다 떠났을 그에게
숲속을 달려온 햇살의 문상
바람이 들락거리며
굳어진 육신을 염하는데

살아온 날들이 노루보다 나을 것 없어
언젠가 나도 세상 덫에 걸리면
눈을 감고 귀 막은 바람처럼
배웅도 장송곡도 필요없어
잠자듯 그렇게 떠나리라

저승꽃

몸에 꽃이 피었네
거울 앞에 서면
살아온 만큼의 얼굴과 손등,
삶에 그을린 구석마다
하나둘 피기 시작하더니
들꽃처럼 무리 지어 피어 있네

밤하늘에 별들이 하나둘 뜨고
은하수처럼 흘러가는데
하나하나 생명체가 사는 우주에
우리가 모르는 꽃이 피고 지듯
내게 핀 검은 꽃들
은하수로 하늘을 흐르면
아름답지도 향기도 없겠지만
먼 길 떠나야 할 때
내가 안고 갈
한 다발의 저승꽃

여행 준비

언젠가
초대장 같은 기별 올 것인데
진작 여행 준비할 것을
작심하면 언제든 다녀올거라 생각하지만
막상 떠나면 다시 돌아오지 못하고 눌러앉아야 할 곳
날마다 기다리지도 않았지만
진작 별볼일 없는 살림
하루 하루 제삿날 물리듯 미루어 왔으니
이제 여행 준비 기별 없이도 내려야 할 결단
미련도 후회도 없는 이승
긴긴 첫울음 남겨 두고
무겁잖은 눈꺼풀 당겨 붙으면 그만인 나
새처럼 겨드랑이 아래 펼치고 접을 수 있는
날개라도 돋을 줄 알았는데
헛된 망상이었다
무겁지 않은 눈꺼풀 당긴다
풍선처럼 몸이 부풀어오를 때 누군가 손 흔들어 주는데
얼굴이 낯설지 않다
기별 아닌 어느 우주의 별 전갈자리라 할 때

잠시 잊은 생각이 난다
차로 금방 도착할 곳
가보고 싶었던 고향 산천 아버지 무덤
조금 늦을지라도 잠시 다녀가리라 돌려먹은 마음
무거운 눈꺼풀 들어올리니
천 길 지옥 같은 캄캄한 방이다

눈물꽃

나는 한 송이
들꽃으로 피었다 지리라
비에 젖어 비꽃이 되고
바람에 흔들리는 바람꽃이 되어
아무도 찾지 않는 어느 산비탈에 홀로 피어
물소리 새소리 들으며
가슴 깊이 삭인 내면의 향기에 끌려
황혼의 산그늘처럼
한 마리 나비라도 날개를 접는다면 아, 그 고마움
뿌리내린 이 땅에
작은 소망으로 까만 씨앗 하나를 남기리라
또다시 비꽃으로 바람꽃으로 피어
지나가던 어느 누가 허리 굽혀 바라보는 그날을 위해
그러나 끝내 아무도 찾지 않는 한 송이 눈물
나는 홀로 지리라 들꽃처럼

은하에 가고 싶다

나는 은하에 가고 싶다
아카씨아 꽃송이 같은 은하에서
그리운 사람을 보고 싶다
소금 뿌린 듯
메밀꽃 흐드러진 밭인 듯
별들이 흐르는 곳

나는 은하에 가고 싶다
구름 한 점 없이 맑은 날
별들이 수놓은 은하에서
잊을 수 없는
그리운 사람을 나는 기다리고 싶다

곁가지치기

사과나무 곁가지를 잘 쳐야
다음해 사과가 굵고 빛깔이 좋아진다는데
내 시에 곁가지가 많아
좋은 시 될 수 없다는 선생님의 조언 한마디
어떻게 잘라내야 하는지 몰라
무릎 위 팔꿈치 괴고 얼굴 묻어 꼴사납게
고뇌하지만 알 수 없는 시
햇볕 잘 들고 통풍 잘 되는 사과나무처럼
속이 훤하게 절단하라는 조언일까
절단전정한 사과나무 꽃 피워 열매 달 때를 기다리며
내 한 편의 시가 빛 좋고 향기로운 사과처럼
마음으로 손 꼽아 보는
만인의 심금 울릴 그날을

■ 이세진 시인 시 읽기

고향을 떠나온 자의 망향가

■ 이세진 시인 시 읽기

고향을 떠나온 자의 망향가

1. 이세진 시인의 시를 읽고 / 박창기 시인

길은 의지에 따라 멀리도 가까이도 갈 수 있는 것이다. 길 위의 시인이 재를 넘어 형님이라고 막걸리 사 들고 찾아오지 않았겠나. 몇 해 전이다. 맛있게 나눠 먹었지만 먼저 간 사람들 걱정에 시름이 많은 저이, 이제는 뒤따라갈 자신 걱정에 길을 잃었다 한다. 살아오면서 전문으로 한 그 길을 버리고 새 길에 들어서는 무단히도 애써 왔지 싶다.

그런데 그 먼 길 오면서 한 처음 여인의 사랑을 듬뿍 받았을 테고, 또 한 여인을 만나서는 사랑을 나누었을 텐데, 경상도 머시마라서 그랬겠지만 '여보, 사랑한데이, 말 안 해도 알제. 대충 그랬을지도 모른다. 내 짐작이지만 아래의 시가 그 말을 대변하는 것 같아 한 번 놀란다. 왜 하필이면 '누가 물으면…….'이란 단서를 달았을까.

아득히 먼 어느 훗날
지나온 삶에 가장
소중한 사람이 있었느냐고 누가 물으면
나는 당신이라고 말하겠습니다.
해마다 피고 지는 수많은 꽃
어둠에 물들어 열린 문 닫고 더듬는 기억
쟁쟁하게 귀가에 차고 넘치는 고운 목소리
혼자 가야 하는 길
그 누구도 동행할 수 없는 길 위에서
다음 생에 또 만나고 싶은 사람이 있느냐고
누가 또 물으면
가슴 한 구석에 고이 묻어 둔 이름
목에 힘주어 당신이라 말하겠습니다.
마지막 숨 몰아쉴 때
보고 싶은 사람이 있느냐고
또다시 누가 물으면
생에 아주 고마워 잊을 수 없는
아지랑이 같은 이름 하나
깊은 가슴에서 꺼내 떨리는 목소리로
서슴없이 당신이라 말하겠습니다.

—「아지랑이 같은 이름 하나」 전문

그래도 '당신'이라는 어휘를 세 번이나 부를 만큼 가는 길 위에서 사랑의 확인은 하고 가는 셈이다. 속 깊은 사내의 길

정리가 된 것 같아 다행이다.

또 한 편의 시를 읽는다. 인생 역정이 이러하고 세상에 왔다가 가는 것이 마치 황사나 폐타이어 같은 신세에 자신을 비기고 있지 않은가.

한 사람의 삶이 구르며
점점 작아지는 삶도 있고
낮은 길바닥 핥으며 굴러야 하는 삶도 있다
우리는 구르고 굴러 작아지는 삶보다
가장 낮은 곳 핥으며 구르는 타이어처럼
단단한 삶 살고 싶을 때 있다
폐차장에 쌓여 있는 폐타이어들
이제야 한 세상 잘 살았다 말할 수 있듯이
가진 것 없는 빈 몸으로 태어나
높은 곳만 바라보고 살았던 우리

어느 골짜기 높은 언덕에서
큰 바위 구르고 굴러
언젠가 모래알처럼 작아지고
빗물에 씻기고 바람에 깎여 먼지가 되어
봄 하늘 떠돌다
흔적 없이 사라지는 황사처럼
한 사람의 삶

폐차장 후미진 곳
순서도 없이 쌓인들 어떻겠는가.
어두운 귀에 대고
황사가 속삭인다.
한때 청춘도 그렇게 굴러가고
막다른 길 저곳 늙은 폐타이어들처럼
젖어드는 적막이 되는 것이라고

—「폐차장에서」 전문

그런데 말이다. 이세진 시인은 괜찮은 시인과 교분이 있고 나서는 피그말리온 효과Pygmalion effect를 톡톡히 본, 시인 중의 한 사람이 아닌가 생각된다. 남이 나를 존중해 주고 기대하는 것이 있으면, 좋은 쪽으로 변하려고 노력하게 된다는 것을 표현한 것인데 이 시인의 시가 그런 경우에 속한다고 볼 수 있다. 시에 있어서는 절대 자포자기하지 않은 의지를 가졌다.

인생은 누구나 올 때도 순서 없고 갈 때도 순서가 없다고 한다, 공수래공수거를 연출하지 않은 사람은 아무도 없다 하네. 그것이 하늘의 뜻임을 어찌 잊겠는가. 그러나 희망마저 없었다면 얼마나 삭막했겠는가. 삶의 막판에 적막을 씹었어도 후회쯤은 아무렇지도 않게 여기길 바라네.

2. 나의 영원한 '노가다' 스승 이세진 시인 / 김경호 시인

이번 이세진 시인의 두 번째 시집에서는 '고향' '어머니' '아내' 등 가족에 대한 절절한 사랑 노래가 유난히 눈에 뜨인다. 이세진 시인의 고향인 안동시 길안면, 길안을 끼고 흐르는 길안천 맑은 물에서 유년과 청년 시절을 보낸 시인은 비록 몸은 낯선 도시, 금호강변 대구 서재에서 생활하고 있지만, 마음속에는 고향의 그가 사랑한 사과나무 꽃이 환한 풍광과 그 곳의 정겨운 사람들의 모습이 시편으로 나타난다. 모천을 떠나 성어가 되어 다시 모천으로 회귀하는 푸른 연어처럼 이세진 시인의 시는 늘 고향의 모천에 닿아 있다.

추석 전날
아파트 비좁은 현관 입구
내 신발은 구석자리
서로 출발지가 다른 신발들
구두, 운동화, 하이힐. 조개비 같은 신발들
얽히고 설켜 투정부리지 않고
서로 보듬어 안고
멀리서 왔다고
고생했다고 발등 다독이며
비좁은 자리 서로 조금씩 양보하면서

가을밤은 조용히 깊어만 가네

—「신발들」 전문

명절을 맞아 멀리 흩어졌던 피붙이들이 시인이 사는 아파트에 함께 모인 시간의 풍경을, 현관이 비좁도록 신발이 놓인 모습을 보고 먼 길 힘들게 오느라 '서로 보듬어 안고 / 멀리서 왔다고 / 고생했다고 발등 다독이며'라고 신발끼리도 서로 양보하는 모습을 흐뭇하게 바라보고 있다. 떨어져 그리워하며 살던 가족들, 그들과 함께 와서 커다란 신발들 속에 섞인 외손자의 앙증맞은 신발에 눈길이 머문 시인의 미소가 꾸밈없이 한 폭의 그림으로 그려지고 있다.

이세진 시인을 처음 알게 된 건 지금부터 6년 전 12월, 초겨울 어느 날, 시하늘 시낭송회 뒤풀이 자리에서 거나하게 취한 나에게 조심스럽게 이 시인은 제안을 하나 하였다. "요즘 별 할 일이 없으면 나하고 같이 놀러나 다닙시다!"라고. 그 즈음 나는 봉화에서 일 년 간 재미없는 농사를 짓다가 접고 대구에 돌아와 무위도식하던 때여서 선뜻 그러자고 약속하고는, 재고 자시고 할 겨를도 없이 그 다음, 다음날 소위 나의 '노가다' 스승인 이세진 시인은 달성군 현풍에 있는 용역 사무실로 나를 데려가서 잡부로 등록시키고, 말로만 듣던 아파트 건설 현장에 '초짜'인 나를 밀어 넣었다. 그 새벽 난생처음 '작업화' 그것도 나는 가진 게 없어서 이 시인이 신던 헐렁한 작업화를 얻어 신고 질질 끌면서 아파트 공사 현장 캄캄한 비계 계단을 타던 때를 생각하면 절로 웃음이 난다. 춥고 축축하고 먼지 자욱하던 아파트 공사장은 지하주차장 콘크리트 구간을 타설하고 벽체가 거푸집에서 굳으면 자재를 산더미처럼 뜯어낸 현장에서 내 노가다 스승인 이세진 시인은 마치 거인처럼 보였다. '반생이'를 매고 조이고, 거푸집과 '오비끼'와 쇠파이프를 구분하여 쌓고, 묶고, 크레인으로 떠서 옮기는 작업 현장에서 이 시인은 반장의 역할을 하면서도 두 사람 이상의 몫을 해내면서 '초짜'인 나를 짜증내지 않고 학습시켜, 얼른 '초짜'를 면하게 해 주었다.

끈이 신명이 났다
X자로 묶었던 안전화 끈이
나도 모르는 사이 풀려
발 들어 옮길 때마다 신명이 났다

질척한 공사 현장
흙탕물을 막걸리처럼 마시고
좌로 우로
앞으로 뒤로
자유를 만끽하듯 춤추는 두 가닥 신발 끈

다시 고쳐 매려고 하는데
마치 토라진 마음처럼
처음으로 돌아가지 않는
엉성한 매듭 내려다보면

나에게도 그런 날이 있었다
x자로 묶었던 안전화 풀린 끈처럼
풀린 채로 방종하다가

처음 상태로 되돌리기까지
되돌아오기까지 지난했던 적 있었다

흙탕물에 부풀어 올라
본래의 모습 상실한 신발 끈
제 구멍에 끼워 넣기도 수월치 않았던
그런 일 있었지만

—「안전화 끈」 전문

노가다 일은 그렇다. 하루살이, 개미지옥 같은 '용역'의 노가다 현장에서 조금씩 배우고, 그런 일도 위험하고 힘든 줄도 모르고 정이 들어 그 이후 나는 혼자 당진의 제철공장으로, 둔포의 제빵공장으로, 인천공항 지하고속철도건설 현장으로 그래도 제법 큰 공사 현장을 무식하게 일당으로만 전

전하며 용케도 지금까지 살아남아 있다. 'X자'로 누구도 인생의 그런 표시를 원하지 않았지만 고향을 떠나와 낯선 도시의 변두리에 정착하면서 가족과 본인의 생계를 위해 시작한 막일을 이세진 시인은 마다하지 않고 오롯이 받아 안으며 풀려버린 신발 끈처럼 한 때, 자유를 만끽도 했지만 열심히 시를 쓰고, 열심히 함께 막걸리도 마셨으리. 'X자'로 묶여야 단단한 작업화 끈이 풀려서 잠시 '춤추듯' 보이고 끈이 풀린 것처럼 고향을 등지고 방종도 하였지만, 정들지 않는 도시 변두리에서 시인은 기뻐하고 슬퍼한 밤들을 허투루 쓰지 않고 오롯이 시편으로 쌓아 올려 오늘 이렇게 시집 한 권을 묶어내게 되었다.

이 글을 쓰는 지금 이세진 시인은 병마와 힘든 싸움을 계속하고 있다. 내년 봄에는 아픈 몸이 나아서, 지난여름 함께 시를 이야기하며 산책했던, 김천 직지사 옆을 지나 황악산 오르는 오솔길의 시냇물소리를 함께 들으며 다시 걷고 싶다.

이세진 시인의 쾌유를 빈다.

이세진

1951년 경북 안동 태어났다. 1997년《열린 문학》신인상 수상, 2013년《시와 사람》신인상 수상으로 등단하였으며 시집『저녁 무렵의 구두 한 켤레』(시와 사람, 2013)가 있다. 대구문인협회, 달성문인협회, 시와 늪, 이후문학회, 시하늘 문학회 회원과 함시 동인으로 활동 중이다.

4573sjj@hanmail.net

이세진 시집
아지랑이 같은 이름 하나

초판 1쇄 발행 2019년 11월 30일

지은이 이세진
펴낸이 이은재

펴낸곳 도서출판 그루
출판등록 1983. 3. 26(제1-61호)
주소 06121 서울특별시 강남구 봉은사로 129, 1210호
42452 대구광역시 남구 큰골 3길 30
전화 02-358-1161, 053-253-7872
팩스 053-257-7884
전자우편 guroo@guroo.co.kr

ISBN 978-89-8069-410-5